Theresa Dreßel
Poesie ist das Zauberwort

Theresa Dreßel

Poesie ist das Zauberwort

Rediroma-Verlag

Bibliografische Information der Deutschen Nationalbibliothek:
Die Deutsche Nationalbibliothek verzeichnet diese Publikation in der Deutschen Nationalbibliografie; detaillierte bibliografische Daten sind im Internet über http://portal.dnb.de abrufbar.

ISBN 978-3-98527-198-6

Umschlagillustration: ex_artist (shutterstock.com)

www.rediroma-verlag.de
8,95 Euro (D)

Inhalt

Vorwort

Ich bin am 23. Februar 1993 geboren und beschäftige mich seit meinem fünften Lebensjahr sehr kreativ.

Poesie ist das Zauberwort. So heißt der Titel meines Buches und es soll die Menschen verzaubern! Hokuspokus und Abrakadabra! Meiner poetischen Ader lasse ich in diesem Werk freien Lauf. Es beinhaltet mehrere und verschiedene Bereiche wie Natur, Liebe, Schauriges und so weiter …

Es ist wichtig, seine Gedanken zum Ausdruck zu bringen, so sehe ich das. Deshalb möchte ich meine Gedanken teilen und die Menschen damit auch bestärken, dass sie mit ihren eigenen Gedanken nicht allein sind.

Meine Gedichte sollen die Menschen verzaubern, sie erfreuen, berühren und zum Schmunzeln bringen. Es steckt viel Fantasie, Witz und Charakter in den Gedichten.

Also lasst euch verzaubern von meinen poetischen Zauberworten!

Naturgedichte

Die Linde

Im kühlen, sonnigen Morgengrauen,
stehen Gras und Blüten im tropfenden Tau.
Der Himmel, er ist klar und blau,
die Gegend ist hübsch anzuschauen.

Die Blümlein tanzen im Winde…
Die Bienen arbeiten schon,
alle summen im gleichen Ton.
Sie setzen sich auf die Blüten der Linde.

Auf der Wiese steht sie allein,
in ihrer vollen Blütenpracht.
Von der Sonne angelacht,
da steht sie im Sonnenschein.

Die prachtvolle Linde sie belebt,
die mit Blumen bestückte Wiese.
Ihre duftenden Blüten verbreiten eine Prise,
die durch die Lüfte schwebt.

Rosa leuchtet die Krone, die Bienen erkennt man drauf kaum,
so herrlich ist dies anzusehen,
Im Frühjahr wird er immer noch, so schön, da stehen,
der wunderbare Lindenbaum.

Wie Leben entsteht und vergeht

Wenn ein Schmetterling fliegen lernt
hüpft er meist von hier nach dort,
ist sein Ziel auch weit entfernt,
irgendwann dann fliegt er fort.

Wenn ein Baum so klein und schmächtig,
täglich zu der Sonne blickt.
Wird er eines Tages groß und prächtig,
und ist mit zahlreichen Blättern bestückt.

Wenn ein Menschenkind mal lacht,
dabei auf allen vieren sich fortbewegt
und plötzlich als Erwachsener erwacht
und die Natur und alles zerlegt…

Dann wächst was hier so schön gedeiht,
nicht vollständig voran.
Das Leben bleibt für alle Zeit
zurückgeblieben dann.

Das Gewitter

Ein strömender Regen durchflutet die Straßen,
Ein Blitz und ein Donner durchleuchtet jedes Haus.
Kein Auto fährt vorbei, alles erscheint so verlassen…
Niemand traut sich mehr heraus.

In einem Haus ist Kerzenschimmer,
es sitzen alle um sie herum.
Man hört nur ein ängstliches Gewimmer,
ansonsten sind alle stumm.

Es donnert und blitzt und es pfeift der Wind.
Das finden die Bewohner übel und bitter!
Fort ziehen soll es ganz geschwind!
Dieses beängstigende Gewitter!

Fantastische Welt

So sah ich diese Welt noch nie,
bunt und fabelhaft,
mit Sonnenschein, in voller Kraft.
So sehe ich die Welt in meiner Fantasie.

Alles wirkt auf mich so vertraut....
Und ich fühle mich draußen so frei!
Die Wolken ziehen an mir vorbei,
und warmer Regen rieselt auf meine Haut.

Es entsteht ein Regenbogen,
oben am Himmelszelt,
weit fort von dieser Welt,
die zwitschernden Vögel sind dran vorbeigeflogen.

In dieser Welt, die so vieles bringt,
entdecke ich so viel mehr.
Mit Fantasie ist das gar nicht schwer.
Weil mit ihr einfach alles wunderbar klingt!

Steht auf! Schaut her!

Steht auf! Schaut her!
Seit ihr auf diese Welt noch stolz!?
Plastik schwimmt im Meer
und in den Wäldern fehlt das Holz!

Wir sind alle Bürger von diesem Land,
und tun eine Sache furchtbar gern.
Wir nehmen die Fernbedienung in die Hand
und schauen die meiste Zeit fern!

Wir stellen uns jeden Tag die selben Fragen:
Wann hört dieser Wahnsinn nur auf….
Stattdessen könnten wir für die Welt so vieles beitragen…
Darum schaut her und steht endlich auf!

Um zu helfen wollen andere natürlich Geld,
kommt wir schmeißen es ihnen hinterher!
Nur um zu retten diese Welt.
Wir machen es uns nur manchmal schwer.

So lasst uns endlich Hilfe leisten!
Wir sind auf der richtigen Spur!
Wir kommen zusammen mit den Meisten
und helfen endlich der Natur!

Blumendüfte

Blumen blühen und gedeihen,
in der Natur, auf weiten Wiesen.
Einen frischen Duft sie mir verleihen,
wenn sie so herrlich sprießen.

So süße Düfte sind mir nicht bekannt,
Blumen gibt's auf der Wiese allerlei.
Und die schönsten die ich bisher fand.
Ihr Duft macht besonnen und frei!

So liege ich hier auf dem Wiesenflur,
mit den Blumen, die neben mir stehen.
Ich genieße ich die Natur,
und lasse die Sonn einfach untergehen.

Sommerblumen

Rosen blühen zur Pfingstenzeit
Hortensien und Lisianthus,
ein Blumenstrauß ist ein Genuss.
Der so einen schönen Duft verleiht.

In einer bestimmten Zeit blühen sie
Unsere Sommerpflanzen,
Levkojen wollen zum Himmel tanzen.
Die Blütezeit beginnt im Juni.

Bouvardien und Bartnelken
erstrahlen bei mir zu Haus,
sie sehen so prächtig aus
und sollen niemals welken.

Wer ist das?

Bei Nacht ist sie nicht zu sehen,
Sie kommt am Morgen und will abends gehen.
Es ist nicht ihre Zeit die Nacht,
Von früh bis abends sie oft lacht.

Mit gelb wird sie auf Papier gemalt,
am besten leuchtend, so dass sie strahlt.
Über sie erfreut sich jedes Kind.
Wenn sie so wärmt und zu strahlen beginnt.

Nun hab ich schon genug erzählt.
Sie ist oben am Himmelszelt.
Die Sonne, sie scheint mit ihren Strahlen.
Kommt wir wollen sie gleich malen!

Farben sind sinnig

Ich sehe Farben so wunderbar,
die mich inspirieren,
ich könnt mich darin verlieren.
Sie erschaffen ein Bild, so rein und klar…

Ich kann es auch fühlen,
das Rot, das Gelb und das Grün…
Wie bunte Blumen auf einer Wiese blühen,
Ich fühle auch den Wind, den Kühlen…

Ich riech es wenn die Blumen sprießen…
Erfrischend ist´s! Ich nehme alles wahr, ganz genau…
Sogar vom Himmel das Weiß und das Blau.
Es duften auch die Wälder und die Wiesen!

Wie wohl manche Farben schmecken?
Ich stell mir vor, einen süßen Regenbogen,
glänzend mit Zuckerguss überzogen.
Und Zuckerwatte die Schokogipfel bedecken…

Und könnte man nur die Farben hören,
Ich stell es mir vor in meiner Fantasie
und lausche der Farbenmelodie…
Dabei lass ich mich nicht stören.

Die Welt ist toll!

Wenn die Sonne draußen lacht
und die Welt ist voller Farben.
Erstrahlt sie heut in voller Pracht!
Ich will sie genießen, und lang noch schön haben.

Die Welt ist toll! Sie spricht.
Es spricht mich an, ihr Licht.
Und ich will mit den Sonnenstrahlen,
die Welt noch bunter malen!

Wenn die Sonne draußen scheint,
und ich mich hinaus begebe.
Ist in mir Freude und Liebe vereint,
weil ich die Welt so gern erlebe.

Die Welt ist toll! Sie strahlt!
Die Sonne meinen Schatten malt.
Und ich male sie dann bunt,
mit farbigen Hintergrund.

Wenn die Sonne unter geht,
und ich mich schlafen leg,
schau ich nochmal wie sie über den Bergen steht,
und geht dann langsam weg.

Die Welt ist toll! So toll!
Bei Tag so wundervoll!
Es gibt viel zu erleben
und ich will immer alles geben!

Liebeskram

Hörst Du mein Herz

Du hörst mein Herz schlagen,
liegst Du auf meiner Brust,
was mag es Dir wohl sagen,
Du hättest es gern gewusst…

Mein Herz, das immer schlägt,
nur für Dich mein Schatz…
Wenn sich Dein Kopf dann legt,
auf der Seite des Herzens Platz.

Dann hörst Du es leis sagen:
„Ich liebe Dich so sehr!“
Ohne Dich könnt ich das Leben nicht ertragen,
ohne Dich schaff ich es nicht mehr…

Verbunden für die Ewigkeit

Für immer will ich zu Dir stehen!
Ich genieße all die Stunden,
die ahnungslos vorüber gehen…
Wir bleiben für die Ewigkeit verbunden.

Verbunden für die Ewigkeit…
Verbunden sein, ist eine Tat.
Sie gilt schon in der Kennlernzeit
und nicht erst nach der Heirat.

So lieben wir uns, wie in den ersten Momenten…
Als wir uns gaben den ersten Kuss…
Unsere Liebe hält ewig und wird niemals enden.
So lieben wir uns bis zum Schluss!

Der Blumenstrauß

Ich will es immer wieder wissen,
dass Du mich für immer liebst.
Du schenkst mir Rosen, Nelken und Narzissen,
und denkst, dass Du mir damit Liebe gibst.

Stets willst Du mich damit verführen,
mit so einem schönen Blumenstrauß.
Ich kann es immer wieder spüren,
kommst Du damit nach Haus.

Doch Narzissen, Rosen und Nelken,
bleiben nicht so lange bestehen.
Denn ein Blumenstrauß kann welken…
Doch die Liebe bleibt immer bestehen.

Nur Du!

Ich fühle mich wie frisch verliebt!
Obwohl wir uns schon lange kennen…
Uns kann nichts und niemand trennen!
Wir erwarten die Zukunft, die uns Zeit gibt.

Ich kann leider nicht mehr warten!
Ich möchte einfach bei Dir sein…
Mein herzallerliebster Sonnenschein.
Mit Dir möchte ich in die Zukunft starten!

Solange Du immer bei mir bist,
solange möchte ich Dir schwören,
soll mein Herz immer Dir gehören!
Bis mein Lebtag vergangen ist!

Nur mit Dir

Halt mich fest,
solange Du noch bei mir bist,
bis dieser Moment vergangen ist,
möchte ich nicht, dass Du mich loslässt.

Fang mich auf,
versuche mir Halt zu geben,
halte mich und mein Leben,
mein Leben nimmt nur mit Dir seinen Lauf.

Schau mich an,
ich kann vieles in Deinen Augen lesen,
bis jetzt bist Du immer für mich da gewesen.
Ich spür, wie schön das mit Dir sein kann.

Nimm meine Hand,
lass uns zusammen nach vorne sehen,
gemeinsam unsere Wege gehen,
wir schaffen das zusammen galant.

Sprich mit mir,
sag mir alles was Dich so bedrückt,
uns ist so vieles, zu zweit, schon geglückt.
So wird es immer bleiben, nur mit Dir.

Wann bist Du wieder da?

Schon stundenlang,
bin ich allein…
Ich hab den Drang,
bei Dir zu sein…

Ich zähle schon die Sekunden,
dass ich wieder bei dir bin,
ein paar Minuten hab ich schon überwunden.
Ich will einfach zu Dir hin.

Mein Herz sehnt sich,
schon Stunde um Stunde,
ganz fürchterlich,
nach Deinem Munde…

Ich sehne mich nach Dir so sehr.
Ich wünsch mir, dass Du bei mir bist.
Es ist alles so schwer,
wenn die Zeit uns so im Wege ist.

Lange hab ich darauf gehofft,
und gedacht, dass ich die Geduld verlier.
Doch die Stunden vergehen wie so oft.
Und Du bist dann wieder bei mir!

Die Nacht und Du

Ich versuche für Dich die Sterne einzufangen…
Doch dazu muss ich in den Nachthimmel gelangen.
Tausend und noch mehr würde ich für Dich holen!
Mein Herz hat mir dies, für Dich, befohlen.

Den Mond strahlt hell, und lacht wie Du,
dieses Lächeln betrachte ich immer zu.
Ich hole ihn, nah, für Dich heran,
damit er mit Dir Lächeln kann.

Ich wünsche mir Sternschnuppen herbei,
sie fliegen durch die Nacht, so endlos und frei!
Lassen Wünsche erfüllen und machen sie wahr.
So wünsche ich mir, Du wärst mir jetzt nah.

Liebestanz

Ich feiere heute diesen Tag,
weil ich so glücklich bin,
weil ich mein Leben gerne mag
und Du gibst ihm erst den Sinn.

Du bringst mein Herz zum Beben,
auch wenn Du nichts machst,
Du veränderst mein Leben,
nur wenn Du mit mir lachst.

Heute ist die richtige Zeit,
zeige mir was Du kannst…
Zeige mir Deine Gelassenheit,
zeige mir wie Du Tanzt!

Tanze mit mir,
gib meinem Leben einen Kick!
Jetzt und hier,
in diesem Augenblick.

Wir tanzen schon auf Wolke sieben,
ich hab Dich bei mir voll und ganz.
Es ist so schön wenn wir uns lieben,
und er nie endet, dieser Tanz!

Sie zweifelt, Er nicht…

„Was ist nur mit unserem Glück geschehen?
Warum musstest Du nur von mir gehen?
Was ist los mit unserem Glück,
so wies früher war, will ich es wieder zurück…

Ich hab das Gefühl, wir sollten freier Leben…
haben wir uns zu früh, vielleicht, das Wort gegeben?
Hab ich zu viel von Dir verlangt?
Wo sind wir hier nur angelangt…?

Sage mir, habe ich irgendetwas falsch gemacht?
Seit Du fort bist, hab ich an Dich gedacht.
Wo liegt in meinem Leben noch der Sinn,
wenn ich nicht bei Dir bin?“

-Sie stellt sich ja so viele Fragen
und muss sich ständig damit plagen…
Sie zweifelt, doch findet ihn so toll…
Dann sagt er ganz hoffnungsvoll:

„Gibt's für unsere Liebe dennoch einen Grund,
uns zu lieben, zusammen zu leben Stund für Stund?
Leicht ist das alles leider nicht…
Was sagst Du aus Deiner Sicht?

„In schweren Zeiten sollten wir zusammenhalten,
und uns das Leben möglichst schön und neu gestalten.
Sind die Gedanken auch grau und trist,
weil die Situation jetzt anders ist.

Lass all die Zweifel und die Sorgen hinter Dir,
alles andere wird dann besser, glaube mir.
Lass uns nicht mehr lange warten,
und in die Zukunft besser starten.

Ich werde bei Dir sein und bleiben, glaube daran,
Es kommt nicht immer auf das Dasein eines Liebenden an.
Wenn ich mal fort bin für eine Zeit,
bleiben wir trotzdem verbunden, für alle Ewigkeit."

Nie mehr Allein- Sein

Du gibst mir die Kraft,
immer gut zu sein.
Ohne Dich habe ich noch nie so viel geschafft,
Doch jetzt bin ich nicht mehr allein.

Vorher war jeder Weg so schwer,
nun gehen wir einen Weg zu zweit.
Mein Herz war unerfüllt, so leer...
Jetzt aber genieße ich mit Dir die Zeit.

Zusammen läuft alles doppelt so gut,
oft denke ich an das Allein- Sein zurück,
Doch heute schöpfe ich wieder neuen Mut,
denn ich habe Dich zu meinem Glück.

Allein- Sein will ich niemals mehr,
Du bist immer für mich da, das gibt mir Halt.
Und dafür Liebe ich Dich ja so sehr.
Ich denke nur noch an die Zukunft und werde mit Dir alt.

Das muss wahre Liebe sein…

Beschütze mich,
sei immer für mich da,
ich liebe Dich,
sei mir für immer nah.

Wir werden immer zusammen sein,
Liebe ist für uns das was zählt.
Ob Regen oder Sonnenschein,
für uns ist sie immer schön, die Welt.

Siehst Du bei Nacht die Sterne,
hättest Du sie sofort dem Himmel gestohlen,
und mir geschenkt, denn Du hast mich so gerne.
Zu Liebe zu mir, würdest Du mir alles holen.

Ich tanze mit Dir,
für ewig, auf Wolke sieben.
Ein Liebespaar sind wir
und wir werden uns immer lieben.

Kaputtes Herz

Tief in meiner Brust,
leide ich solchen Schmerz,
es ist mein kleines Herz.
Noch Niemand hat davon gewusst.

Ich bin so allein,
mit diesem Schmerz, in mir,
so hilf mir doch, bevor ich mich verlier.
Und fort von dieser Welt zu sein.

Du willst mich nicht verlieren.
In meinem kleinen Herz sind die Sorgen so groß,
darum halt mich fest, lass mich nicht los,
so kannst Du mein Herz wieder reparieren.

Liebe endet nie

Wohin die Liebe geht,
wenn das Leben sich dem Ende neigt…
Ob sich die Welt dann weiter dreht,
und die Liebe mit uns in den Himmel steigt?

Es ist wohl alles still,
wenn wir mit dem Leben gehen.
So wie es jeder von uns will,
werden wir uns im Jenseits wiedersehen.

Wir sind von einer Welt,
und gehen ins Jenseits zu zweit.
Wir haben den richtigen Weg gewählt
und sind eines Tages zum fort gehen bereit.

Wenn das helle Licht erscheint,
hab keine Angst wenn es Dich blendet.
Wir bleiben für immer vereint,
mit der Liebe, die niemals endet.

Liebe in der Welt

Wir tragen unsere Liebe
weit über diese Welt,
und wünschen, dass sie bliebe
und uns leichter fällt.

Wir können Liebe tragen,
tief in unserem Herz.
Wir dürfen nie verzagen,
mit Liebe geht es immer vorwärts.

Die Liebe, sie bewegt,
sie bewegt uns nach vorn,
und wenn sie in unserem Herzen schlägt,
fühlen wir uns wie neu geboren!

Liebe kann so viel erreichen,
auf all unseren Wegen.
Die Liebe setzt ein Zeichen
und will etwas in uns bewegen!

Liebe mich wieder!

Ich bin für immer bei Dir…
Ich möchte Dich nicht verlieren,
keinen Fehler möchte ich mehr riskieren…
Ich hoffe Du bleibst bei mir…

Ich hoffe Du vergibst mir all das,
was ich je verbrochen hab,
all die Liebe die ich vergab,
gehört nur Dir, was ich nie vergas.

Ich möchte bei Dir bleiben,
für immer und für alle Zeit,
gib mir wieder Geborgenheit
und lass uns die Vergangenheit vertreiben.

Mein Traum eines Prinzen

Mein Traum eines Prinzen, der hat sich erfüllt,
und zwar seit ich Dich habe…
Noch nie hab ich so viel auf einmal gefühlt.
Dein Dasein ist eine Gabe.

Bei einem Märchenkuss,
erleichterst Du meine Welt.
Wir vertrauen uns bis zum Schluss,
Du und ich, mein stattlicher Held!

Mein Traum eines Prinzen, der hält ewig lang,
für immer werden wir zueinander stehen.
Ich glaube dies ist erst unser Anfang.
Und werden gut in eine traumhafte Zukunft sehen.

Du Liebster mein

Halt mich fest!
Sag mir, dass Du mich liebst,
dass Du mir ewige Liebe gibst,
und mich dabei niemals loslässt…

Schau mich an…
Deine Augen strahlen so,
das macht mich von Herzen froh.
Von Dir bin ich so angetan.

Sei nur mein…
Ich bleib an deiner Seite,
überall hin, ich Dich begleite.
Auf ewig bleib ich Dein.

Komm lieb mich!
Meine Liebe zu Dir sie ist so groß.
Ich lass Dich niemals mehr los.
Ich bleib bei Dir und Liebe Dich.

Der ewige Bund

Du hältst meine Hand,
an jedem Tag der verging,
schaust mich an ganz gebannt,
und dann zeigst Du mir diesen Ring.

Ich will mit Dir, Du willst mit mir,
diesen Weg zusammen gehen.
und wir schwören uns jetzt und hier,
dass wir immer zueinander stehen.

Und uns wird eines sofort klar,
wir bleiben zusammen Stund für Stund,
Unsere schönsten Träume werden wahr.
Deshalb schließen wir den ewigen Bund.

Heftig!
Schockierend!
Gruselig!

Patient auf Zeit

Vor kurzem hat sich jemand beim Arzt beklagt:
„Ich habe ziehende Rückenschmerzen,
und Probleme mit dem Herzen!“,
Und der Doktor hat drauf gesagt.

„Ich verschreibe ihnen diese Medikamente.
Sie helfen gegen Leid und Schmerz,
dann wird's auch wieder mit dem Herz.“
Und schon war der Patient am Ende.

„Medikamente! Was soll denn das!?“
Dachte sich dann der Patient,
der die Ursache natürlich kennt.
Und den Beipackzettel las:

-Verursacht Kopfschmerz Übelkeit,
Durchfall , Zittern , Leberzirrhose,
Schwitzen und Schlaflosigkeit
Und die Zähne werden lose!

Und immer weiter und sofort!
Was muss er da alles Lesen,
Das ist ja fast wie eigener Mord,
wäre er nur nicht beim Arzt gewesen.

Was soll er tun, ist hier die Frage…
Nimmt er sie oder lässt er es sein.
Zu Leben hat er eh noch 365 Tage.
Dann kann ihn auch der Tod befreien.

Wer mehr will…

Wer nur stoppt die Macht und Gier,
und kommt endlich zufrieden an?
Wer nur stoppt den Größenwahn?
Niemand ist zufrieden hier…

Diese Welt sie ist so still,
in dieser Welt wollen alle nur haben,
für wenig Geld möglichst viele Ausgaben,
weil jeder immer mehr noch will!

Jeder will nur noch gewinnen,
und denkt nur noch an Geld.
Doch das ist nicht alles auf der Welt.
Keiner will sich mehr daran besinnen…

Fehlen erst die Liebe und das Lachen,
sind jegliche Gefühle vergessen.
Dann sind die Menschen wohl vom Geld besessen…
Es kommt dann ein böses Erwachen…

Wenn man alles hat, wo ist dann der Sinn,
Keinen Sinn gibt's dann mehr im Leben.
Wer viel hat, der kann auch geben,
darin liegt der Neubeginn.

Wer versteckt sich und erschreckt?

Tief im Wald ist sie versteckt,
hat schon viele Tiere und Kinder erschreckt!
Hinterlistig ist ihr Lachen,
um allen Kindern Angst zu machen!

Ihr kleinen Kinder gebt gut acht!
Wenn ihr im Wald seid und sie dann tückisch lacht!
So lockt sie jeden in ihr Haus herein.
Sie ist ganz fies und auch gemein!

Geht nie alleine in den Wald,
denn sonst erwischt sie euch dann bald!
Sieht sie euch ist ihr Reflex,
das Verzaubern: „Hex, Hex, Hex, Hex!

Geister geistern…

Schaurig und düster ist die Nacht,
es knarzt und es pfeift der Wind durch den Wald…
Wer hat das Licht wohl weggebracht…
Es ist so finster und so kalt…

Kein Licht nur Schatten ziehen dahin,
Schatten aus der Dunkelheit.
Um Mitternacht ist der Beginn,
dann werden die Geister der Nacht befreit.

Durch die Gegend sie wandern und schweben,
sie suchen nach dem Licht.
Sie wollen einen Moment lang wieder leben,
was ihren Bann auf Erden bricht.

Sie wollen in den Himmel und nicht sein hier auf Erden,
Nur des Nachts wandern sie ganz allein.
Sie wollen von Gott aufgenommen werden,
doch dazu muss das Licht sie befreien.

Hex, Hex!

Sie lebt im Walde in einem alten Haus.
Jeden hat sie schon erschreckt!
Alle haben sich schon vor ihr versteckt…
Denn sie schaut so grässlich aus!

Ihr Haus das steht auf Hühnerbeinen!
Tief im Wald, es steht…
Besuch hatte sie sicher noch keinen!
Weil jeder lieber einen großen Bogen geht.

Hex, hex! Erkennt ihr sie?
Wisst ihr jetzt wer hier wohnt?
Verlassen tut sie ihr Haus nie.
Doch wer vorbeikommt, bleibt nicht verschont!

Aus dem Dunkel

Die Welt sie kommt mir düster vor…
Niemand lacht und freut sich mehr…
Alles erscheint mir leidend und schwer…
Wo, ist nur die Freude und der Humor?

Düstere Wolken und kein Sonnenschein…
Nichts gibt es was mir noch gefällt,
in dieser dunklen, bewölkten Welt…
Fröhlichkeit kehrt hier wohl nie mehr ein…

Wo ist nur all das Schöne hin?
Erloschen ist das Sonnenlicht…
Nirgendwo gibt's ein freundliches Gesicht.
Alles erscheint mir ohne Sinn…

Wenn jeder nur noch weint und jammert,
sich ganz isoliert und auch noch einmauert
und sich dabei noch selbst bedauert,
sich an sein armseliges Leben klammert.-

Der hat schon verloren…
So will ich auch wieder an Freude gewinnen,
mich wieder an schöne Momente besinnen,
dann fühl ich mich sicher wie neugeboren!

Das Gruselhaus

Einsam und verlassen,
hinter düsteren, verwinkelten Gassen
steht ein uraltes Haus.
und es schaut ganz gruselig aus.

Ein Poltergeist lang schon darin lebt,
und einsam durch jede Etage schwebt.
Unheil treibt er jede Nacht,
er ist es, der das Haus so unsicher macht.

Huhu macht er und Buh!
Dann schnappt er einfach zu!
Wer einmal das Gruselhaus besucht,
Kommt niemals mehr raus! Zwecklos ist eine Flucht.

Auf eigene Faust!

Ich fühle mich so allein,
Niemand kann mich verstehen…
Ich will die Welt mit anderen Augen sehen
und nicht mehr einsam sein…

Ich bin nicht mehr ich,
wenn ich mich verstell
und es passiert so schnell,
ja dann verliere ich mich…

Ich habe keine Ruh,
mich zu überwinden,
einen anderen Weg zu finden,
egal was ich auch tu…

Darum bleibe ich in Einsamkeit,
in dieser belebten Gesellschaft,
schaffe alles aus eigener Kraft,
alles andere bringt die Zeit.

Der falsche Mann

Er verfolgte nur einen Plan,
er war einer von vielen,
er wollte nur mit mir spielen,
er war der falsche Mann.

Ich fiel auf sein Spiel herein…
Ich kam nicht von ihm weg,
und wie ich überleg,
sagte ich auch niemals „nein“.

Er machte mir schöne Worte,
mich zu lösen fiel mir schwer.
Doch jetzt sehe ich ihn nicht mehr,
er war einer von der übelsten Sorte!

Der Steg

Folgst Du einem Weg,
bei dem es plötzlich nicht weiter geht,
dort wo die Sonne noch überm Wasser steht.
Dort ist Dein Ende, auf einem Steg.

Du setzt Dich hin,
weißt weder aus noch ein,
Du fühlst Dich hilflos und allein.
Alles ist ohne Sinn…

Dein kleines Herz,
Du spürst es nicht…
Am Horizont, da erlischt schon das Licht.
Hier geht es leider nicht vorwärts…

Angst und Bang

Manchmal hab ich Bang davor, zu sagen wies mir geht.
Manchmal hab ich Angst davor, dass mich Niemand versteht.
Manchmal möchte ich mich verkriechen in ein tiefes Loch,
und in dieser Dunkelheit, komme ich niemals mehr hoch.

Manchmal hab ich Bang davor, nicht vorwärts zu gelangen.
Manchmal hab ich Angst davor und fühle mich gefangen.
Manchmal fühlt es sich so an als würde nichts passieren,
oft denke ich, ich würde mich komplett verlieren.

Manchmal hab ich Bang davor, den nächsten Schritt zu wagen,
Manchmal hab ich Angst davor, etwas falsches zu sagen.
Vor lauter Angst und Bang, bin ich nur noch ein psychisches Wrack,
und dann denke ich sehr oft, dass mich gar keiner mag…

Manchmal hab ich Angst und Bang, ich würde nichts kapieren.
Doch dabei sollte ich die Hoffnung niemals ganz verlieren.
Ein kleiner funken Hoffnung ändert manchmal jede Sicht.
Deshalb hab ich mir jetzt geschworen ich verlier die Hoffnung nicht!

Last lass los

In mir ist etwas, womit ich mich quäle…
Etwas belastet meine Seele…
Ich kann es nicht sagen was es sei..
Hoffentlich geht diese Qual wieder vorbei…

Ganz träge lauf ich durch die Welt…
Von der Zeit, hab ich schon jede Stunde gezählt.
All das was noch vor mir steht,
will ich nicht mehr, ich will, dass alles vergeht…

Ängste vom Versager

Ich sage oft, ich will ein besseres Leben,
hab dann gehofft, ich könnte alles geben…
doch wie es scheint bleibt was ich mach nur mager…
wenn der Himmel weint, weine ich mit… Ich bin ein Versager…

Ich denke schon, das Leben könnte besser sein.
im selben Ton, denk ich an ewigen Sonnenschein….
Und wenn es regnet, weine ich… Ich bin mir selbst nicht mehr im Reinen.
Ja ich weine so bitterlich! Die Wolken sie wollen mit mir weinen…

So oft auch daran denke, dass ich ein Nichts und Niemand bin.
Und mir selbst Aufmerksamkeit schenke, dann macht das alles keinen Sinn…
Ich vergesse dann die Zeit, komm aus dieser Haltung nicht mehr raus…
Wann ist es mal soweit… Wann bekomm ich für das was ich tue mal Applaus…

Diagnose Depression

Wusstest Du eigentlich schon?
Ich bin oft tief in Gedanken,
sie kreisen und damit gerate ich ins Schwanken…
Meine Diagnose ist Depression!

Mal ist die Stimmung hoch, mal ist sie tief…
Es gibt Tage da ziehe ich mich einfach zurück…
Dann suche ich vergeblich nach meinem Glück
und merke es läuft alles schief!

Des Öfteren geht es mir richtig schlecht…
Wo ist die Gute Laune hin?
Ich weiß selbst nicht, warum ich so traurig bin…
Alles erscheint mir so ungerecht!

Keiner will mir wirklich zu hören…
Ich kann niemanden erzählen, was mich bewegt…
Keinen gibt's, der seine Hand auf meine Schulter legt,
und sagt: „Du kannst zu uns gehören."

Doch ich frage mich:
Wer kann mich verstehen,
die Welt, wie meine Augen sehen,
wer sieht alles so wie ich…?

Ob sich die Stimmung wieder hebt?
Schließlich konnte ich einmal lachen…
Früher gab es so viele schöne Sachen.
Ich hab so vieles schon erlebt…

Über die Hälfte meiner Lebenszeit,
hab ich bisher geschafft,
doch mir fehlt es jetzt an Kraft
und an Selbstsicherheit.

Nicht jammern und nicht fluchen!
Das schaff ich ganz bestimmt!
Ohne dass mich jemand ans Händchen nimmt.
Werde ich mir Hilfe suchen!

Märchen, Tierisch, fabelhaft

Märchenhaft

Es war einmal vor langer Zeit,
da wurde Dornröschen aus dem langen Schlafe befreit.
Aus dem Schlaf, der hundert Jahre lang war,
da kam der Prinz und Rettung war nah.

Wer hatte nochmal seinen gläsernen Schuh verloren,
war Dienstmarkt und eigentlich adelig geboren?
Sie war voller Ruß und schlief in der Asche,
und hatte drei Haselnüsse in der Tasche.

Hänsel und Gretel waren im Wald alleine
und trafen auf die Hexe die Gemeine!
Sie lockte die Kinder ins Pfefferkuchenhaus.
Doch die Kinder befreiten sich und kamen wieder heraus.

Ein Wolf gab sich aus als das Muttertier,
und fraß sieben Geißlein in seiner Gier
doch diese konnte die Mutter wieder befrein,
das war das Märchen der sieben Geißlein.

Eine Prinzessin verlor ihren goldenen Ball,
ein Frosch holte ihn, aber er verfolgte sie überall.
Die Prinzessin gab dem Frosch einen Kuss,
da war der Frosch ein Prinz, zum guten Schluss.

Welcher Bub kehrt nie nach Haus zurück,
entdeckte in der Welt sein Glück,
genoss das Leben voll und ganz.
Er trug den schlichten Namen Hans.

Ihr Haar war geflochten und unglaublich lang,
sie war eingesperrt in einem Turm, ohne Eingang.
Befreit wurde sie, von einem Prinzen, mit Müh und Not,
der Ihr ein Leben, in seinem Schloss dann bot.

Mit einer Roten Kappe bedeckt,
lief ein Mädchen durch den Wald und wurde vom Wolf entdeckt.
Er fraß das Mädchen und die Großmutter dazu.
Doch der treue Jäger befreite sie im nu.

In einem Märchen gab es sieben Berge,
dahinter wohnten die sieben Zwerge.
Getrieben von einer furchtbaren Flucht,
hat Schneewittchen sie dann besucht.

Ein Mädchen das gerne Bücher liest,
traf auf ein furchteinflößendes Biest.
Er und sein Schloss unter einem Zauber stand.
Dass das Biest ein Prinz war, hatte sie letztendlich erkannt.

Der Hahn, die Katze und der Hund auf dem Esel standen,
das waren die vier Bremer-Stadtmusikanten.
Sie sind von zu Hause fort gegangen,
um nach Bremen zu gelangen.

Bei einem Müller gabs Erbstreits- Theater,
der jüngste Sohn bekam den Kater.
Dem sollte er noch Stiefel kaufen,
um der Prinzessin nach zu laufen.

Tischlein deck dich, Goldesel streck dich, Knüppel aus dem Sack,
drei Buben waren damit sehr auf Zack.
Sie mussten dafür Prüfungen meistern,
nur um ihren Vater zu begeistern.

Der Hahn er schrie einst kikeriki,
und nach Hause kam die Goldmarie.
Es gab eine Marie, die übersät war mit Pech,
denn sie war zur Frau Holle frech.

Zurück sind wir in der Realität,
wo auch meist alles gut ausgeht.
Mit viel Mut und eigener Kraft,
wird auch dein Leben märchenhaft.

Mein Wunderland

Nimm meine Hand
und geh mit mir,
ich zeige dir
mein Wunderland.

Dort kannst Du mit mir auf Wolken schweben,
Hier hast Du keine Sorgen mehr…
Von oben siehst Du ein Blumenmeer,
sie duften so schön und wollen beleben!

Auf der Wolke kommen wir geflogen,
voran treibt uns der Wind,
wir sausen dann geschwind,
entlang am Regenbogen.

Alle Farben und Konturen,
hab ich mir bunt erstellt,
willst Du in meine Welt
dann folge den Wolken ihren Spuren.

Mein Süßwaren-Paradies

Worüber ich einmal nachgedacht hatte,
das war ein Traum von süßem Naschwerk…
Von Lakritz und Zuckerwatte
und einem Schokoladenberg!

Kaubonbons und Fruchtgele,
ein Weg bahnt sich aus Karamellgestein,
nebendran ist ein Puddingsee,
aus Vanillegeschmack! Wie fein!

Ein riesengroßes Gummitier läuft neben mir daher,
nachdem Lutscher und der Erdbeermarmelade
wurde mein Magen ganz schwer.
Plötzlich war der Traum dann aus! Wie schade …

Das schwebende Schiff

Wenn ich etwas erlebe,
dann an einem wundervollen Ort..
Wenn ich einmal schwebe,
dann schwebe ich weit von hier fort…

Würde ich etwas erfinden,
dann ein schwebendes Schiff,
Durch die Wolken würde ich verschwinden,
das Ruder hätte ich voll im Griff.

Ein schwebendes Schiff, das nie unter geht,
gleitet durch Raum und Zeit,
es fliegt so wie der Wind auch weht,
bis in die Unendlichkeit…

Was eine Katze denkt

Mäuse kann ich sehr gut fangen!
Wenn sie sich aus ihrem Häuschen traut.
Dann ist sie in meine Falle gegangen.
Und triumphierend hab ich dann miaut!

Miau, Miau, bitte gib mir was,
ein Fresschen wäre jetzt angebracht.
Mäusefangen macht kein Spass.
Lang genug hab ich deren Häuschen bewacht.

Nach so einem leckeren Schmaus,
Möchte ich gestreichelt sein,
Vergessen wir das mit der Maus,
Schmusen wäre jetzt fein!

Der Schmetterling und der Elefant.

Es saß einmal ganz entspannt,
ein Schmetterling auf einem Elefant.
Dort machte er seine Augen zu,
und genoss die wohlige Ruh.

Dieses Bild war imposant,
doch es störte ihn nicht den Elefant.
Wie zwei Freunde sind die beiden.
Der Schmetterling, will diesen Ort auch nicht meiden.

Diese famose Freundschaft geschah,
wie schon gedacht, in Afrika.
Der Schmetterling wollte dort nicht fort.
Blieb auf dem Elefanten, an diesem Ort.

Die Bienenkönigin

Könige gab es immer schon,
in der Natur, hat eine ihren Thron.
Sie lebt mit ihrem Volk, meist in Bäumen, in Waben.
Und wir dürfen das Beste daraus haben.

Ihr Volk bringt uns Honig, den süßesten von allen,
von den Blüten, die uns am besten gefallen.
Es gibt auch aromatischen Honig aus dem Wald,
und das nicht nur von einer kleinen, gelb-schwarz-
gestreiften Gestalt.

Honig schmeckt jedem, ob aus dem Wald oder den Blüten.
Deshalb müssen wir dieses Volk auch gut behüten.
Drum sehen wir das Goldene Glück nicht nur als Gewinn
Und achten die Bienen mit der Bienenkönigin.

Vom Einzelgänger zur Prominenz

Wovon ich euch heute berichte
ist eine kleine Geschichte,
von einer bunten Kuh,
drum hört mir einmal zu:

Auf den großen grünen Wiesen,
ein paar Kühe grasten.
Sie konnten nicht nur das Wetter genießen,
vergnügt waren sie und spaßten.

Eine Kuh war ziemlich bunt,
sie war meistens allein…
Ich sag euch auch dafür den Grund,
die anderen Kühe waren, zu ihr, gemein…

Nur weil sie einfach anders aussah!
Sie machte sich stets alle Mühe…
Egal was sie tat, es geschah,
dass sie lachten, die anderen Kühe!

Als eines Tages der Bauer kam,
das war für die Kühe immer ein gutes Zeichen!
Er die bunte Kuh zu sich nahm,
um ihr die goldene Glocke zu überreichen…

„Du bist die schönste Kuh der Region!
Meine Gute, wirst im Fernsehen und überall bekannt!“-,
sagte der Bauer und man ahnte es schon,

da kamen die anderen Kühe gleich angerannt!

„Du hübsche bunte Kuh!
Bei uns warst Du schon immer angesehen!
Du gehörst zu uns dazu!“-,
prahlten die Kühe, das konnte die bunte gar nicht verstehen!

„Bloß weil ich jetzt besonders werde!“-,
sprach sie und fuhr fort:
„Gehöre ich nicht zu eurer Herde!
Ich gehe jetzt an einen besseren Ort!“

Das war für die anderen Kühe schade…
Doch die bunte Kuh ist heute sehr prominent!
Es ist die Kuh, auf unserer Schokolade…
Die Lila- Kuh, die jeder kennt.

Und die Moral von der Geschicht:
Ärgere Einzelgänger nicht!

Ein tierischer Vergleich

Wie der Elefant sich was merken kann,
da kommt der Goldfisch wohl nie heran.
Der Goldfisch kann leider nur vergessen
und der Elefant ist Wissens besessen.

Wie der Uhu bei Tage in die Ferne schaut,
und es dem Maulwurf schon vorm Tageslicht ergraut.
Der Maulwurf konnte nie viel mehr sehen,
dafür konnte der Uhu nie durch dunkle Höhlen gehen.

Wie die Biene immer ganz fleißig ist,
und das Faultier seinen Schlaf vermisst.
Das Faultier braucht den ganzen Tag nur Schlaf,
und die Bienen, ja sie arbeiten brav.

Jeder ist anders und kann etwas anderes gut.
Sowie beim Angsthasen und den Löwenmut.
So hat jeder sein eigenes Reich,
zum Glück ist auf der Welt nicht jeder gleich.

Sieben Fabelwesen

Es gibt einen dem ich nicht so trau,
darum hört mir genau zu
Der Meister Reineke ist schlau,
und listig noch dazu.

Geschwätzig ist die Gans, die weiße,
genannt auch Adelheit.
Schwätzt hinterm Rücken und ganz leise,
die ist wohl nicht gescheit!

Der Wolf, der böse Isegrim,
ist boshaft und verfressen.
Sein furchtbarer Hunger der ist schlimm!
Er will immer nur essen!

In einer großen Herde drin,
da steht, ganz ängstlich, aber brav,
die wollig niedliche Bellyn,
das ist unser kluges Schaf.

Freundlich und gutmütig zugleich,
kommt er zu jeden her.
Sein Fell es ist so kuschelweich.
Vom Meister Petz, dem Bär.

Auf dem Schornstein ist ein Nest aus Holz,
was immer schon da war.
Es gehört einem großen Vogel, der ist stolz
Dem Storch, namens, Adebar.

Meister Lampe sich oft traut,
und fällt dabei nicht auf die Nase.
Dennoch ist er dumm und auch vorlaut.
Das ist unser kleiner Hase!

Jedes Tier ist fabelhaft,
und erzählt uns besondere Geschichten.
Jedes hat eine Eigenschaft,
so wollte ich mal ein paar berichten.

Wichtige und allgemeine Botschaften!

Ich bin gut!

Ich habe all das Grübeln satt!
Ich steuere auf ein neues Ziel zu!
Mit Achtsamkeit, Gelassenheit und Ruh,
läuft bei mir auch alles glatt!

Manchmal plagt mich mein Gewissen,
weil ich meine Meinung sage,
es ist nicht so, dass ich mich beklage…
Ich sag was ich denke, sehe es nicht so verbissen.

Ich steh zu mir und ich bin gut!
Ich brauche mich nicht vergleichen!
Wenn ich will, kann ich vieles erreichen,
dazu gehört nur etwas Mut!

An jedem Tag…

Eines ist mir längst schon klar:
An jedem Tag, den ich erwache
und strahlend wie die Sonne lache,
bin ich stolz und auch dankbar.

Jeder Tag der mich erwartet,
begegne ich mit Freuden,
er kann so viel bedeuten,
wenn er mit mir startet.

An jedem Tag, der neu beginnt,
sag ich mir er ist sinnlich,
und alle Tage erwarten mich,
weil sie so wertvoll sind!

Herz- und Bauchgefühl

Hast Du es je gewagt?
Hast Du es je gefragt?
Nie hast Du gehört, was Dein Herz Dir sagt.
Zuviel wars im Kopf und Du hast versagt…

Es türmen sich Fragen,
wann wirst Du es wagen,
dass das was Dein Bauch sagt, hochachtend zu tragen,
dann wirst Du auch nicht mehr so oft versagen.

Mach den Kopf aus!
Gedanken aus dem Kopf raus!
Hör auf Dein Herz und den Bauch!
Denn sie entscheiden auch!

Herz-Schmerz-Helfer

Mein Liebster, mein Herz ist für Dich offen,
Du kannst mit mir Worte teilen,
ich versuch Dein Herz zu heilen,
sag was hat Dich so betroffen?

Erzähle mir Deine Sorgen und Dein Leid…
Ich bin immer für Dich da,
erzähl mir was ist, oder was war.
Öffne Dich, sei dafür ruhig bereit!

Komm lass das Weinen zu,
es macht Dein Herz wieder rein,
erlöst wir Du dann sein…
Dann ist , mit all Deinen Sorgen, ruh.

Entscheidungen fällen

Wer die Wahl hat, hat die Qual,
wähle deshalb nicht nur einmal,
Du kannst Dich täglich neu entscheiden,
einen neuen Weg kannst Du nicht meiden.

Entscheide Dich dagegen, oder dafür,
täglich stehen neue Möglichkeiten vor Deiner Tür.
Sei nicht traurig wenn es Dir einmal falsch erscheint.
Es kann sein, dass morgen wieder die Sonne für Dich scheint.

Egal wie Du entscheidest,
ob Du einen Weg gehst oder meidest,
ob dafür oder dagegen,
Du wirst Dich immer weiter vorwärts bewegen.

Einfach Leben!

Ich hab nie aufgehört zu hoffen
Noch nie hab ich mich aufgegeben,
es ist so wertvoll dieses Leben!
Jede Tür steht für mich offen!

So gehe ich durch viele offene Türen,
entdecke neue Wege,
und ohne dass ich viel überlege,
kann ich dieses Leben spüren!

Ich stell mir keine Fragen!
Ich lauf einfach drauf zu!
Und ich merk im nu:
Ich kann mich einfach nicht beklagen.

Bringe Licht ins Dunkel!

Wir sind verschieden und doch gleich,
man muss nicht jeden verstehen,
man muss seine eigenen Wege gehen
erst dann wird man an Erfahrung reich.

Jemand bringt Licht ins Dunkel, dann wird's bei uns wieder hell,
erleuchtet bei Dir jetzt ein Licht?
Sich mit jedem gut verstehen, das geht nun mal nicht.
Bleibe Respektvoll denn wir sind alle individuell.

Mit Emotionen leben

Spürst Du die Leichtigkeit,
das Leben im vollen Zug,
Du bekommst davon nicht genug,
von dem Leben, dass Dich befreit.

Spürst Du die Harmonie,
sie gestaltet das Leben so wunderbar,
Du nimmst das Leben klangvoll wahr:
Hörst Du seine Melodie.

Spürst Du diese Lust?
Die Lust an Deinem Leben.
So vieles kann sich täglich ergeben,
sei Dir dessen bewusst!

Spürst Du dieses Zufriedensein?
Das sind diese Emotionen,
Du solltest Dich und Dein Leben belohnen,
und Dich vom stressigen Alltag befreien.

Neustart für Dich

Für Dich gibt es im Leben eins:
Das was Du machst ist immer Deins!
Du bist Du selbst! Kannst alles sein!
Kein anderer redet Dir da rein!

Denke immer wieder daran,
dass ein Traum Wahrheit werden kann.
Und dort wo Dein Traum zu Ende ist,
weißt Du, dass Du angekommen bist!

Angekommen an Deinem Ziel,
wo Du denkst: „Dies ist jetzt ein leichtes Spiel!“
Dann bist Du in Zufriedenheit,
und ein Neustart steht bereit!

Zwischen zwei Entscheidungen

Verloren zwischen Mut und Angst,
bist Du, wenn Du zu viel verlangst,
von Dir und deinem eigenen Leben.
Sollst Du ruhig bleiben oder mehr geben?

Gehst Du nach vorn oder einen Schritt zurück,
wartest Du darauf oder kämpfst Du für dein Glück?
Hältst Du Dich gern fest oder lässt Du los?
Die Angst etwas zu entscheiden, sie ist groß.

Achte darauf, was in Dir ruht.
Überwinde deine Angst und zeige Mut.
Horch in Dich hinein und überleg…
Dein Herz zeigt Dir den rechten Weg.

Ehrlichkeit

Ich lebe mein Leben,
jeden Tag in vollen Zügen!
Dabei will ich alles geben
und mich nicht selbst belügen!

Die Zeit ist mir zu kostbar,
die für mich noch besteht,
dabei ist mir eines klar,
dass es mit Lügen nicht vorwärts geht.

So überwinde ich alle Hürden und die Zeit
und genieße das Leben, das Leichte.
Leicht wird es nur mit Ehrlichkeit,
dann brauche ich auch keine Beichte.

Vergeben und Verzeihen

Finde die Liebe in Dir,
lass los und verzeih!
Bleibe im Jetzt und Hier!
Fühle Dich dabei frei!

Im Verzeihen liegt Frieden!
Und Frieden finden wir im Herzen.
Wir Menschen sind so verschieden,
doch spüren manches gleich, wie die Schmerzen.

Verzeihen und Vergeben
ist ganz ohne Zwang.
Es begegnet uns oft noch im Leben,
sozusagen ein Leben lang.

Und wann vergibst Du?
Hast Du es schon geschafft?
Lass das Verzeihen zu,
das braucht gar nicht viel Kraft.

Vergeben und Verzeihen
ewige Begleiter.
Es ist Zeit Du kannst Dich von der Schuld nun befreien,
Das Leben es ist kurz, darum lebe es weiter.

Selbstliebe

Eines Tages wurde mir klar:
Ich bin einfach stolz auf mich,
für mich ists perfekt, ganz sicherlich!
Ich bin einfach wunderbar!

Ich bin Freundlich und Hilfsbereit,
Ich hab ein warmes Herz, tief in mir drin,
ich bin gut so wie ich bin,
und vermeide Stress und Streit.

Ich schaffe es Distanz zu wahren,
ohne andere zu verletzen,
all das kann wirklich an mir schätzen!
Ich sollte mir meine Ressourcen aufbewahren!

Schläfrig

Herrlich kuschelig und weich,
ists unter meiner Decke.
In meinem gemütlichen Schlafbereich,
ich mich am Morgen noch verstecke.

Kein Morgengruß oder Kaffee,
macht mich am Morgen wach.
Das Bett es ruft mich, wenn ich es schon sehe,
bin ich ermüdet und schwach.

Wenn ich einmal müde bin,
und ich komm nicht aus dem Bett heraus,
dann bin ich froh, ich liege drin,
und schlafe erstmal aus.

Nichts- Tun

Es gibt Tage an denen ich denke,
dass ich ihnen keine Achtung schenke…
denn ich sitze einfach so da,
und nehme meine Umgebung nicht wahr…

Ich genieße nichts, hab nichts zu Tun.
Vom Nichts- Tun will ich mich ausruhen.
Wem oder was sollte ich Aufmerksamkeit schenken,
Um mich vom Nichts- Tun abzulenken…

Ich habe mich heute dafür entschieden,
und alles was zu tun ist gemieden.
So war ich weder in Stress noch in Eile,
und hatte den ganzen Tag Langeweile!

Musik an! Feiern! Tanzen!

Feierlaune

Wir feiern dieses Leben,
weil es uns bis jetzt immer gefiel.
Wir wollen mehr davon und viel,
es gibt immer was zu erleben.

Feiern, Spaß und Lachen,
kann man auf der ganzen Welt,
so oft und lang wie es uns gefällt.
Wir lassen es richtig krachen.

So feiern wir jeden Tag,
als ob jeder, der letzte wär,
Spaß zu haben ist nicht schwer,
weil das jeder gerne mag.

Ich singe vor mich hin

Ich genieße den Augenblick,
und bin voller Zufriedenheit.
Ich höre gerne Musik,
und vergesse dann die Zeit.

Lalabadadada…
Ich singe vor mich hin!
Weil ich so fröhlich bin.
Ich vergesse wo ich bin und wo ich war.
Lalabadadada…

Ja ich singe ja so gern,
einfach und nur so.
Hör ich Musik auch nur von fern,
dann bin ich glücklich und so froh.

Laladubidudu…
Ich denke mir einfach was aus!
Und die Ideen sprudeln aus mir heraus.
Doch irgendwann ist auch mal Ruh!
Laladubidudu…

Sopran, Bass und Bariton!

Ich wäre ja so gern ein Sänger,
und sänge im Sopran,
ich halte den Ton an,
noch lange und viel länger!

Ich lasse die Lieder klingen!
Ich singe mit viel Spaß.
Mein Ton erklingt im Bass.
Ja, ich kann gut singen!

Ich sing ganz hoch und auch ganz tief…
Dabei treffe ich wirklich jeden Ton.
Ich singe auch im Bariton!
Und niemals sing ich schief!

So singe ich mein Leben lang,
Das Singen es ist ein Segen!
Ich kann die Welt bewegen.
Mit meinem wunderbaren Gesang.

Lieder hören und singen

Ich höre sie immer wieder,
sie stimmen mich froh und munter,
ich höre sie rauf und runter,
diese wunderbaren Lieder.

Lieder, Lieder, Liederlaunen,
höre ich immer zu
lassen mich nicht in Ruh,
sie bringen mich zum Staunen.

Wenn ich mal einen Ohrwurm krieg,
wird es mich dazu bringen
dass ich anfange mit zu singen,
Bei dieser wunderbaren und tollen Musik.

Ich kann tausend Lieder hören,
ich singe immer mit,
bei wirklich jedem Lied,
ich lasse mich nicht stören!

Ich habe die Lieder immer zu im Ohr.
Lieder machen froh,
das sag ich nicht nur so,
drum singen alle jetzt mit mir im Chor!

Werde wieder aktiv!

Bist Du mal traurig, dann Lache mit mir.
Bin ich mal glücklich, dann teil ich dies mit Dir.
Bist Du mal müde, und fühlst Dich ausgebrannt,
dann munter ich Dich auf und nehme Dich bei der Hand.

Singe, singe, singe,
ich mach Dir das mal vor!
Steh auf, tanze und springe,
zur Sonne hoch, dem Himmel empor!

Bist Du mal erschöpft, und antriebslos,
Ist Deine Faulheit mal riesengroß…
Bist Du mal im Trott und nicht ganz bei der Sache,
dann steh endlich mit mir auf! Tanze und Lache!

Tanze, Tanze!
Vor Dich hin.
Egal wie das aussieht, das Ganze.
Ich tanze mit Dir, weil ich Fröhlich bin!

Überkommt Dich oft so ein Unmut,
geht es dir manchmal nicht besonders gut?
Versinkst Du fast im Selbstmitleid.
Dann mach Dich auf eine Aufmunterung bereit!

Ja Du musst:
Hoch springen! Springen!

Dann bekommst Du auf vieles wieder Lust!
Dir wird dann wieder einiges gelingen!

Der Tanz durch die Nacht

Schau hinauf zum Himmelszelt,
es eröffnet Dir eine Welt…
Zu einem nächtlichen schönen Tanz,
bei Mondenschein und Sternenglanz.

Sternschnuppen sinken auf die Erde nieder,
es erklingen trillernde nächtliche Lieder…
Dazu können wir tanzen mit den Sternen,
Wir wollen heute Nacht tanzen lernen…

Von Wolke zu Wolke, von Licht zu Licht…
Halte immer Dein Gleichgewicht!
Wir tanzen durch die sternenklare Nacht,
bis der Morgen dann erwacht.

Partytime

Die Aufregung ist riesengroß!
Bei Dir da ist der Teufel los!
Er tanzt auf den Stühlen und auf dem Tisch,
Du machst eine Party wie fantastisch!

Bedient wird man hier rund um die Uhr,
beim Tanzen machst Du wirklich eine gute Figur!
Es spielt stets abwechslungsreiche Musik,
wir tanzen zu zweit und haben uns im Blick.

Was für eine Party! Sie ist perfekt! Ich staune…
Jeder tanzt und singt und hat gute Laune.
So feiern wir noch lange, bis in die Nacht…
Weil uns das Feiern eben sehr viel Spaß macht!

Geburtstagsgruß

Heute ist Dein bester Tag,
weil heute Dein Geburtstag ist,
und Du nicht alleine bist,
weil jeder Dich gern mag!

Wir feiern, tanzen, singen,
wollen Späße mit Dir machen.
Wir bringen Dich zum Lachen
Ein schöner Tag wird uns gelingen!

Aus Deinen Augen strahlt Freude heraus,
für Dich ists der beste Tag seit Langen
und wieder ist ein Jahr vergangen.
Doch nun puste die Kerzen aus!

Von der Kindheit, der Familie und der Generation

Ein Lebensweg

Es war einmal ein Wirbelwind,
er sprang und spielte, war aufgeweckt,
er hatte gern die Welt entdeckt.
Ja, damals war er noch ein Kind…

Dann kam die Puppertet und Jugend
das war eine Zeit, sie konnte quälen!
Mama konnte da viel erzählen…
Doch zuzuhören ist eine Tugend

Feiern, tanzen gehen und andere Launen,
konnten Mama nicht überzeugen.
Um weiteren Ärger vorzubeugen,
das brachte den Jungen nicht zum Staunen.

So musste er erst Erwachsen sein
um Ruhe in den Alltag zu bringen,
das konnte ihm ganz gut gelingen,
und Mama fand das fein.

Ihm wuchsen überall Haare und ein Bart.
Nicht nur er veränderte seine Gestalt,
denn Mama wurde auch grau und alt
Hätte er diese Momente nur länger bewahrt.

Denn irgendwann war Mama nicht mehr da.
Er musste alleine weiter Leben.
Niemand kann ihm diese Liebe geben…
Doch im Herzen bleibt sie ihm nah.

Auch er wurde irgendwann alt und grau…
Er schaute dem Leben entgegen.
Irgendwann wollte er sich zur Ruhe legen.
So läuft ein Leben, so ganz genau!

Zum Muttertag

Du kümmerst Dich um vieles zu Hause,
bist immer für alle da.
Du gönnst Dir kaum eine Pause.
Dabei ist doch alles wunderbar!

Doch Du willst alles perfekt,
und das hast Du bis jetzt geschafft.
Die Ruhe bleibt bei Dir versteckt.
Verschenke sie nicht, Deine Kraft!

Sei heute mal ganz entspannt!
Denn dieser Tag gehört allein Dir!
Alles bleibt mit unberührter Hand.
Und dass Du immer geliebt wirst, das wünsche ich mir.

Schwestern bleiben zusammen!

Ich dachte ich kann für immer Deine Hand halten,
und zu Dir heraufschauen,
von Anfang an konnten wir uns vertrauen.
Und unsere Freundschaft beibehalten.

Du bist wie meine beste Freundin,
Doch Schwestern sind wir, für alle Zeit.
Erinnern uns gern an unsere Kindheit,
und an jeden Neubeginn.

Wenn ich so überlege:
Bist Du auch mal nicht bei mir…
Mein Herz bleibt immer bei Dir.
Gehen wir auch eigene Wege…

Das Papierschiff

Es war einmal ein grauer Tag,
mit düsteren Wolken behangen,
Theo wusste nichts mit sich anzufangen.
Draußen gab es unwahrscheinlich viel Niederschlag.

Wenn er in der Stube rumtollte,
störte das Mama sehr.
Das war für den kleinen Jungen schwer…
Er wusste nicht was er machen sollte.

Plötzlich kam Mama eine Idee,
sie faltete ein Schiffchen aus Papier.
Sagte: „Komm kleiner Theo nehme es Dir.
Wir gehen zusammen an den See.“

Schnell zog er die Gummistiefel an.
Er freute sich gleich raus zu gehen.
Um das Schiffchen auf dem See segeln zu sehen.
Die Mama hatte wirklich einen guten Plan.

Als sie am See angekommen waren,
Nahm Theo das kleine Schiff,
setzte es auf dem See, am Riff,
und schon wollte es losfahren.

Er freute sich und klatschte in die Hände,
Mama klatschte ebenso.
Der kleine Theo war nun froh.
So nahm der Tag ein gutes Ende.

Träume…

Träume werden wahr,
erscheinen sie auch weit entfernt.
Hast Du einmal zu glauben gelernt,
dann sind sie nah, so nah.

Träume werden groß,
wenn wir sie nicht verleben,
doch Du darfst sie nicht aufgeben,
drum lass sie niemals los!

Träume werden Dich leiten,
auf deinem Weg nach vorn.
Du hast Dir stets geschworen,
dass sie Dich stets begleiten.

Träume werden nie vergehen.
Schenke ihnen immer glauben.
Das Träumen kannst Du Dir erlauben,
Du wirst es bald schon sehen.

Des Mondes Scheinen

Der Mond, er scheint in der dunklen Nacht,
wenn die Schlafenszeit beginnt.
Der Mond er hat Dich schon angelacht…
Drum schlafe nun mein Kind.

Der Mond, er scheint zum Fenster rein.
Mein Kind, ich bleib bei Dir.
Drum schlafe jetzt im Mondenschein,
mein Kind ich bleibe hier.

Wenn Du im Schlaf ganz niedlich lachst,
weil der Mond Dir scheint ins Gesicht.
Mein lieber Mond, ja Du bewachst,
mein Kind mit deinem Licht.

So wird die Freizeit verbracht …

Freizeitgestaltung

Von so vielen schönen Dingen,
auf dieser weiten Welt,
soll Dir eines gut gelingen,
doch der Spaß, ist das was zählt.

Zwischen Singen, Tanzen und Humor,
kannst Du Dich nicht entscheiden.
Oftmals kommt es dann auch mal vor,
Dann willst Du alles meiden.

Doch die Zeit sie rennt
es gibt sicher etwas, dass Dir gut liegt,
Dich von alten Gewohnheiten trennt
und die Langeweile besiegt.

Mach Dir einen Plan,
denn schon bald,
dann tritt ein neues Jahr heran
gib Deinem Leben nun mehr Gestalt.

Unsere Wanderung

Über Berg und über Tal,
wandern wir im Sonnenschein,
Und unser kleines Abendmahl,
nehmen wir beim zelten ein.

Am Morgen fahren wir dann fort,
wir wandern ohne Ziel,
an einen für uns unbekannten Ort.
Das ist für uns ein Kinderspiel!

Wir wandern in die Ferne,
weit fort von unserem zu Hause.
Und leuchten am Himmel die Sterne,
erst dann machen wir Pause!

Wir sehen Bäume und ganze Wälder,
Schöne bunte Blumenwiesen,
hohe Berge und weite Felder,
wir wollen diese Zeit einfach genießen!

Mit anderen Leuten machen wir uns bekannt,
die auch so wandern wie wir.
Mit Frohsinn ziehen wir durch das Land,
und sehen auch so manches Tier.

Die Tage wie sie schnell vergehen,
wir haben sie besungen.
So vieles haben wir schon gesehen,
auf unseren Wanderungen.

Schlafenszeit

Der Mond lacht oben am Himmelszelt,
er wacht nun über Deine Welt…
Er scheint bei Dir zum Fenster rein…
Drum schlafe jetzt sanft ein…

Der Mond schaut Dir beim Schlafen zu,
So findest Du auch wieder Ruh.
Mach Dich nun auf den Schlaf bereit,
denn es ist schon Schlafenszeit.

Freie Zeit!

Freizeit! Das ist freie Zeit.
Die jeder anders genießt,
sie sorgt für Ausgeglichenheit.
Zum Beispiel wenn man in Ruhe etwas liest.

In der Freizeit treibt man Sport,
oder spaziert mal durch die Gegend,
findet den Garten besonders anregend,
oder man reist von Ort zu Ort.

Hört man zu Hause mal Musik…
Oder schwingt zu Hause mal den Besen,
man kann malen, schreiben, lesen…
Hauptsache man genießt den Augenblick!

Das Jahr und seine Zeiten …

Winterglanz

Gefroren sind draußen Wald und Feld
sowie der glänzende See.
Das Jahr es hat nun den Winter bestellt,
der alles umhüllt mit Eis und Schnee.

Er lässt die feinen Flocken nieder,
kalt und weich, wie weißer Sand.
Sie fallen stetig immer wieder
und bedecken das ganze Land.

Glänzend ist jeder Wintertag,
alles ist so herrlich weiß.
So manches Tier auch schlafen mag.
Deshalb ists im Winter auch so leis.

Winter, Winter Du schöne Zeit…
Ich fordere Dich auf zum Tanze.
Du bist die Zeit, die mich erfreut.
Mit Deinem weiß- silbernen Glanze!

Vom Winter zum Frühling

Weißt Du noch als er verging?
Der Winter, er war so kalt.
Und jetzt erstrahlt wieder der ganze Walt,
im hellen schein vom Frühling.

Hörst Du des Frühlings hellen Klang?
Es erhellt jedes Gemüt!
Schau wie jedes Blümlein blüht,
und horch! Diesen Vogelgesang!

Hyazinthen und Narzissen,
Osterglocken und Märzenbecher,
der Winter, er wird immer schwächer
und es schmilzt sein weißes Kissen.

In des Frühlings leichtem Tanz,
vergeht der Winter leise.
Es singen gleich der Hausrotschwanz,
die Amsel und die Blaumeise.

Des Winters Zeit, sie ist nun um,
er machte die Gemüter schwer…
Nun kommt der Frühling wieder her
und stimmt den Winter stumm.

Der Frühling mit seiner Show

Wenn der Morgen mit Sonne beginnt
und es glänzt der Morgentau…
Ziehen die Wolken weit, mit dem Wind
und der Himmel bleibt strahlend blau!

Ist der Morgen schon der Schöne,
erleuchten Farben in ihrer Pracht.
Singen die Vögel, die schönsten Töne.
Ja, der Frühling hat die Macht!

Wenn die Morgensonne alle erweckt,
vom Winterschlaf oder der Nacht.
Haben sich schon die Blumen ihr entgegen gestreckt
und jeder ist mit Freuden erwacht!

Die Blumen wollen ihren Kopf erheben
und auf der Wiese kehrt Leben ein!
Man sieht viele Bienen schweben,
sie bringen uns Honig, süß und fein!

Wenn die Sonne die Berge küsst,
ja, dann ist es wieder soweit!
Es wird der Frühling, heut, begrüßt!
Dies ist so eine belebende Zeit!

Diese Sonne, dieser Frühling!
Macht uns alle ja so froh,
als der Winter von uns ging,
kam der Frühling mit seiner Show!

Der klangvolle Frühling

Ich tanze und fühle mich wie neu geboren,
ganz keck ertönen immer wieder,
des Frühlings wunderbare Lieder.
Die Welt hat Schnee und Eis verloren.

Alles ist wieder aufgetaut,
in dieser frühlingshaften Zeit,
wo alles blüht und auch gedeiht
und es erscheint mir geborgen und vertraut.

Die Blümlein, sie sprießen,
die Vögelein singen,
und voller Freude die Lieder erklingen,
so werde ich die Frühlingszeit genießen!

Sommer, Sonne ...

Sommer, Sonne, heiße Tage…
Baden gehen? Keine Frage!
Munter in den See zu springen.
Ja, das wird uns Freude bringen!

Sommer, Sonne , Badestrand…
In der Sonne liegen, ganz braun gebrannt!
Vergesst nur nicht die Sonnencreme,
macht ihr es euch länger dort bequem!

Sommer, Sonne, welch eine Hitze!
Der Sommer treibt das Thermometer an die Spitze!
Hitze, bringt der Wetterbericht,
Vergesst bitte das Trinken nicht!

Sommer, Sonne, baden gehen!
Der Sommer bleibt uns noch lange bestehen.
So werden wir des Sommers Launen,
jedes Jahr wieder neu bestaunen…

Der Traum vom Weihnachtsmann

In einem Traum, voller Eis und Schnee,
saß ich im Haus auf dem Kanapee
und der Weihnachtsmann stand vor dem Weihnachtsbaum…
Das war ein Traum, ein wunderbarer Traum.

Im tiefen Schlaf, fing es einmal an,
da träumte ich vom großen Weihnachtsmann.
Wie ich ihn umarm und plötzlich war mir warm.
In seinem Arm, in seinem warmen Arm.

Die Nacht ist kalt und doch voller Fantasie,
vom Weihnachtsmann träumte ich noch nie.
Wie er vor mir stand, als wäre das alles wahr.
Doch es war nur ein Traum, das war mir längst schon klar…

Start in ein neues Jahr

Ein neues Jahr,
ein neues Glück,
auf das was war,
schauen wir gern zurück.

Ob auf das was Vergangen,
oder neu gekommen ist.
Uns ist es sehr oft gut ergangen,
wir haben jeden Tag mit Freuden begrüßt.

Ob Zukunft oder Gegenwart,
die Zeit treibt uns immer voran.
Jedes Jahr hat einen guten Start.
Egal ob es noch kommt oder mal begann.

Wie ein Jahr vergeht

Frühling, Sommer Herbst und Winter,
sind unsere vier Jahreszeiten.
Jahr für Jahr werden sie uns begleiten.
An jeder Jahreszeit erfreuen sich die Kinder.

Der Frühling bringt uns helle Farben,
er lässt die Blümlein sprießen,
Ein Picknick im Grünen kann man auch genießen.
Da werden die Kinder Freude dran heben!

Der Sommer lädt zum Baden ein!
Die Hitze ist im ganzen Land,
darum gibt's auch, für die Kinder, ein Eis auf die Hand!
Tag für Tag ist Sonnenschein!

Der Herbst bemalt die Blätter,
in Rot, in Gelb und Braun,
sie sind hübsch anzuschaun.
Drachensteigen lässt sich es bei, stürmischen, Wetter.

Der Winter begrüßt uns mit Schnee und Eis.
Er ist die kalte, weiße Zeit,
in der es hagelt, stürmt und schneit.
Doch wenn er geht, tut er das leis...

So geht das Jahr einfach dahin…
So geht das Jahr für Jahr…
Wenn es Frühling, Herbst und Winter war,
dann startet der Neubeginn.

Sehnsüchte, und alles was man begehrt …

Silber und Gold

Was ich schon immer gerne hätte,
ist eine glänzende Silberkette.
Mit einem Diamanten dran,
die ich mir gleich auch umhängen kann.

Und für noch mehr schönes Geschmeide,
wünsch ich mir ein goldenes Kleid aus Seide.
Und silberne Schuhe mit jeweils einem Diamant.
Damit bin ich dann ganz elegant.

Zu einem besonderen Anlass bekleide ich mich damit,
mit meinem Gold und Silber-Out Fit.
Gold und Silber verleiht mir den besonderen Glanz,
und ich bin die Schönste auf dem Tanz.

Vogelfrei!

Ich wäre so gerne vogelfrei!
Ohne jeglichen Gedanken, ganz unbeschwert…
Von zu Hause fort, und wieder zurückgekehrt…
Was wäre denn da schon dabei?

Ich möchte frei sein!
Einfach von hier fort!
An einen unbekannten Ort!
Das würde mein Herz so befreien!

Ach könnte ich nur fliegen,
und diesen Alltag vergessen,
gelangweilt hab ich mich stattdessen,
und hab versucht die Langeweile zu besiegen!

Farbige Kleidung

Fühl ich mich mal richtig gut,,
und habe richtig gute Laune,
trage meinen extravaganten gelben Hut,
worüber ich dann selber staune!

Wenn es einen Anlass gibt,
romantisch zu sitzen in einem Boot.
Mit meinem Schatz und wir sind ganz verliebt!
Dann trage ich ein Kleid in rot.

Ist das Wetter mal regnerisch und grau,
dann setz ich mich nicht zu Hause hin!
Ich zieh meine Gummistiefel an, in blau,
weil ich so gerne draußen bin.

Ich bin so gerne kunterbunt,
und keine graue Maus.
Jetzt wisst ihr auch den wahren Grund,
ich sehe gern farbig bekleidet aus.

Auf (ein) Wiedersehen

Lass jetzt los!
Mach unsere Sorgen nicht so groß.
Ich muss jetzt gehen,
ob wir uns bald wieder sehen…

Mach es nicht so schwer,
warte bis ich wieder kehr.
Nach Haus zu Dir.
Dein Herz gehört und bleibt bei mir.

Ich werde mich immer nach Dir sehnen…
Komm wein nicht mehr, ich spüre deine Tränen.
Versinke nicht in Traurigkeit,
Wir bleiben zusammen für die Ewigkeit.

Was ich Dir wünsche!

Ich wünsche Dir, immer Fröhlichkeit,
um Dich herum nur nette Leute.
Ich wünsche Dir mehr Lebensfreude,
für jetzt und alle Zeit.

Ich wünsche Dir auf all Deinen Wegen,
dass Du so bleibst wie Du bist,
und den Glauben an Dich nie vergisst.
Ich weiß es Du kannst viel bewegen!

Ich wünsche Dir ein starkes Herz,
und vor allem ganz viel Kraft!
Ich weiß Du hast schon viel geschafft.
Ab jetzt geht alles nur noch vorwärts.

Was ich sonst noch zu Papier bringe …

Wer braucht mich noch …

Ich bin nicht gerne in Einsamkeit,
Keiner schenkt mir Trost und Geborgenheit.
Oftmals sitze ich alleine,
denke viel nach und weine…

Ich weine, weil ich so verlassen bin,
und denke nach über den Lebenssinn.
Einen Lebenssinn gibt es für mich leider nicht,
und ich verliere jegliche Zuversicht…

Ich werde von Niemanden mehr geliebt,
es wäre wohl besser, wenn es mich nicht mehr gibt.
Alles im Leben erscheint mir so schwer.
Das Leben es braucht mich hier nicht mehr.

Alles passt

Pass ich dazu,
pass ich darein,
wo kann ich sein
und wo find ich ruh.

Pass ich mich an,
passe ich auf.
Nimmt jemand meine Macken in kauf,
wenn ich zeige was ich hab und kann.

Passt das zu mir,
passend oder zu eng,
ich nehme alles nicht so streng,
und zeige mich hier!

Alles wird passend gemacht.
Jetzt wird aufgepasst,
wenn jetzt alles passt,
dann ist es vollbracht!

Weg mit der Vergangenheit!

Ich durchquerte die Angst und die Last
wurde von Menschen geliebt und gehasst.
Doch eines kann ich nicht, das kann ich sagen:
Mir die Vergangenheit aus dem Kopf zu schlagen!

So gehe ich durch die Welt ganz irritiert…
Hab viele Sachen bis jetzt ausprobiert,
ohne auf die Vergangenheit zu achten,
und mein Leben, jetzt, mal zu betrachten.

Es gibt nicht immer Sonnenschein,
denn die Vergangenheit holt mich oft ein…
Doch ich strebe nach der Zukunft und schaue nicht mehr zurück…
So finde ich im Hier und Jetzt auch mein Glück.

Weit entfernt …

In meinen Kopf fliegen sie herum,
Gedanken begleiten mich überall.
Jeden Tag sind sie erneut da, wie ein Schall.
Mein Kopf ist ein kleines Universum…

Dort sind meine Gedanken, sie fliegen umher….
Ich möchte wissen was ist hinter dieser Welt?
Weit hinter dem Himmelszelt…
Ist sicher noch viel mehr…

So viele Menschen haben tausend Gedanken,
die Welt ist eigentlich zu klein,
auf dem Mond könnte auch noch Leben sein.
Schließlich gibt es dazwischen keine Schranken.

Wir wollen immer älter werden…
doch fragen uns: „ Was ist da draußen?"
Wir wollen die Welt betrachten mal von außen.
Doch dazu müssen wir verlassen die Welt hier auf Erden…

Irgendwo und irgendwie,
gibt es hinterm Himmel noch Leben.
In der weit entfernten Galaxie,
wird es sicher noch etwas geben…

Mein Vulkan

Was ihr niemals tun sollt,
ist mich auf die Palme bringen,
innerlich kommen mächtige Felsen angerollt,
die furchtbar und polternd erklingen.

Dann kommt ein Erdbeben,
die Aufregung brodelt wie ein Vulkan.
Das wollt ihr nicht erleben,
wo kommen die Felsen wohl an?

Hier stehe ich!
reden bringt nichts mehr…
es brodelt immer noch so fürchterlich.
Sie aufzuhalten fällt mir furchtbar schwer.

Und ist mein Vulkan ausgebrochen,
rollen die Felsen nun vorwärts.
Ich spür nur noch ein Pochen,
es ist mein aufgeregtes Herz.

Was ich letztendlich tu,
das sag ich lieber nicht.
Darum lasst mich lieber in Ruh,
nicht, dass mein Vulkan noch ausbricht.

Endlos und Zeitlos

Endlos, Zeitlos… Was ist los?
Warum vergeht die Zeit?
Die Momente sie waren groß,
doch nichts ist für die Ewigkeit.

Zeitlos erscheint ein ganzes Jahr,
an das man sich zum Schluss besinnt.
Es war mal schwer, dann wieder wunderbar.
Doch es endet, wenn das nächste neu beginnt…

Endlos ist das ganze Leben,
doch wir wissen nicht was vor uns liegt.
Irgendwann werden wir uns ergeben,
dann haben wir die Zeit besiegt.

Auf meinem Weg…

Auf meinem Weg zum großen Glück,
begegne ich dem Lachen.
Glück ist, jemanden Freude zu machen.
Wenn ich Lachen gebe bekomm ich es auch zurück.

Auf meinem Weg zur Freude,
werde ich keinen Tag bereuen,
denn ich kann andere Menschen erfreuen,
mit meinem Lachen, bis heute.

Auf meinem Weg zu meinem Sieg,
brauche ich nicht viel im Leben,
Freude und Glück wird es immer geben.
So nehme ich nur das was ich krieg.

Das Tagebuch

Oft weiß ich nicht mehr,
was vergangen ist.
Manchmal fällts einem schwer,
wenn man häufig vergisst.

Vergessen tue ich immer wieder,
wenn ich mich zu erinnern versuch…
So schreibe ich all meine Gedanken nieder,
täglich in ein Tagebuch.